Uwe Dannenbaum

Berlin 1968

Die Studentenrevolte in Bildern

Mit einleitenden Texten von Eberhard Diepgen und Walter Momper

Jaron Verlag

Inhalt

Über dieses Buch

Die Geschehnisse, die dieses Buch in Bildern beschreibt, liegen nahezu ein halbes Jahrhundert zurück. Es sind Bilder, die erschrecken. Sie spiegeln Gewalt, Zorn und Vorurteile wider, zugleich berichten sie über die Geburt einer Entwicklung, die die politische und gesellschaftliche Landschaft der Bundesrepublik bis in unsere Zeit grundlegend verändert hat.

Am Beginn stand ein Fanal: der tödliche Schuss auf den Studenten Benno Ohnesorg, abgefeuert aus der Dienstwaffe eines Polizeibeamten, der Jahrzehnte später als Spitzel der DDR-Staatssicherheit enttarnt wurde. Der tragische Vorfall beschleunigte einen Prozess, der schon lange vorher an den Universitäten West-Berlins und der Bundesrepublik geschwelt hatte. Im Brennpunkt heftiger Kritik standen die überkommenen autoritären Strukturen an den Hochschulen, der US-amerikanische Kriegseinsatz in Vietnam und die bis dahin unvollkommene Aufarbeitung des Nationalsozialismus. Es war die Stunde der „68er" – der Studentenrevolte in Berlin.

Die Proteste und Konflikte waren ungeordnet und teils geprägt von Gewalt. Sie bildeten Anfang der 1970er Jahre den Nährboden für eine neue, noch weitaus blutigere Ära: Die Rote Armee Fraktion (RAF) um Andreas Baader, Horst Mahler und Ulrike Meinhof sagte der Republik den Kampf an – einen Kampf, der bald terroristische Züge annahm und bis zur Auflösung der RAF in den 1990er Jahren über sechzig Menschen

Der Journalist Uwe Dannenbaum zur Zeit der Studentenrevolte. Er lebt seit den 1960er Jahren in Berlin und war hier lange Zeit u.a. für „Die Welt“, „Berliner Morgenpost“ und „B.Z.“ tätig, vor allem als Polizeireporter.

das Leben kostete. Zugleich begann für viele gemäßigte Kräfte der „lange Marsch durch die Institutionen“: Nicht wenige der 68er machten Karriere im Staatsdienst und trugen dazu bei, dass sich die Bundesrepublik Deutschland zu einer demokratisch gefestigten Zivilgesellschaft entwickeln konnte. Auch in der Politik spielten ehemalige Vertreter der 68er-Revolte bald eine wichtige Rolle: 1980 gründete sich die Partei „Die Grünen“, der drei Jahre darauf erstmals der Einzug in den Deutschen Bundestag gelang.

Dieses Buch hat eine Vorgeschichte. Das vorliegende Bildmaterial – Fotos aus den Jahren 1967 bis 1970 – galt lange Zeit als verschollen. Als die Negative vor etwa vier Jahren zufällig auf dem Dachboden eines Hauses in Niedersachsen entdeckt und später gesichtet wurden, stellte sich heraus, dass sich darunter mehr als tausend Bilder befanden, auf denen die Protagonisten der 68er und die Ereignisse jener Zeit festgehalten sind. Sie dokumentieren einen wichtigen Zeitabschnitt in der Geschichte West-Berlins.

Die in diesem Buch vorgestellte Auslese von 140 Aufnahmen beschreibt einen politischen und gesellschaftlichen Konflikt in einer Weise, wie es nur eine Kamera in ihrer Unbestechlichkeit vermag. Es sind Zeitdokumente, die oft in turbulenten und schwer einzuschätzenden Situationen entstanden. Weder erheben sie einen künstlerischen Anspruch, noch stand technische Perfektion im Vordergrund. Etliche dieser Fotos wurden bereits wegen ihrer spektakulären Inhalte in deutschen und internationalen Medien veröffentlicht. Die kurz gehaltenen Texte sollen lediglich ergänzen, sie haben keine wissenschaftliche Intention, sondern geben die Erinnerungen des Chronisten wieder. Eine exakte geschichtliche Bewertung soll anderen überlassen bleiben. Bei der Beschreibung der Örtlichkeiten und der Datierung der Ereignisse war erheblicher Rechercheaufwand erforderlich. Sollten sich dennoch Fehler eingeschlichen haben, bitte ich um Nachsicht.

Zu danken bleibt mir all jenen, die mich bei meinem Vorhaben unterstützt und gefördert haben, besonders aber meinem Verleger Dr. Norbert Jaron, meiner Frau Renate und meinem Kollegen Michael L. Müller. Mein ganz spezieller Dank gebührt den beiden ehemaligen Regierenden Bürgermeistern der Stadt Berlin Eberhard Diepgen und Walter Momper, die als Zeitzeugen mit ihren persönlichen Einschätzungen der damaligen Ereignisse ebenfalls zum Gelingen dieses Buches beigetragen haben. Beide studierten in den 1960er Jahren an der Freien Universität. Und beide wurden durch die Geschehnisse, die sich mit der Jahreszahl 1968 verbinden, entscheidend geprägt – wie in ihren Beiträgen nachzulesen ist.

„Es gab einen Riss durch Berlin"

von Eberhard Diepgen

Polizeireiter im Einsatz, Polizisten mit Schlagstöcken, wütend demonstrierende Studenten. Bei den Bildern von Uwe Dannenbaum denkt man im Jahr 2015 unwillkürlich an den Kampf um demokratische Wahlen in Hongkong, Proteste in Istanbul oder auch an die Gewaltorgien der Sicherheitsorgane der DDR im Oktober 1989 nach der Abreise von Gorbatschow. Es ist aber – heute will man es kaum glauben – ein Blick auf die Geschichte von West-Berlin. Ein Blick auf Hochschulpolitik, Studentenrevolte, Kalten Krieg und amerikanisches Engagement in Vietnam. Und wer begreifen will, der muss alles zusammen denken. Dazu gehört auch die Forderung an Eltern und Großeltern, an eine Generation von Politikern, die schon in der Weimarer Republik Verantwortung trugen, sie sollen sich endlich der Auseinandersetzung mit den Verbrechern des faschistischen Deutschland stellen.

Die Bilder zeigen abweisende, kritische Blicke und Gesten der Berliner. Kritisch nicht zuallererst gegen einen überzogenen Einsatz der Polizei. Es gab einen Riss durch Berlin. Antiamerikanische Demonstrationen passten in dieser Zeit nicht zum politischen Selbstverständnis der Mehrzahl der West-Berliner. Nicht lange her war der Bau der Mauer, ständig gab es aus dem Osten Attacken gegen den Status der Stadt, immer wurde die Abtrennung der faktisch auf drei Sektoren reduzierten Viersektorenstadt von ihrer Einbindung in die westliche, demokratische Staatengemeinschaft gefordert. Nicht vergessen waren Einschüchterungsmaßnahmen und die sowjetischen Kampfflieger, die über Berlin demonstrativ die Schallmauer durchbrachen und die Trommelfelle der Berliner in Mitleidenschaft zogen. Da gab es den Vorwurf, Studentenfunktionäre und ihre Helfer betrieben als bezahlte Agenten vorrangig das Geschäft der Kommunisten und wollten die Freiheit West-Berlins unterminieren. Ich habe meine damaligen Gegner in der Studentenschaft gegen diesen Vorwurf in Schutz genommen. Ich konnte, wollte es mir nicht vorstellen und konnte das Argument nachvollziehen, hier werde nur der Versuch unternommen, von berechtigter Kritik und Fehlern abzulenken. Heute weiß man es besser.

Die Unterlagen des Staatssicherheitsdienstes haben es ans Licht gebracht. Presseorgane der Außerparlamentarischen Opposition und einige ihrer vielbeachteten geistigen Wegbereiter standen auf den Lohnzetteln der ostdeutschen Kommunisten. Sogar bei Examensarbeiten wurde vielbeschäftigten Studentenführern unter die Arme gegriffen. Und ein wirklicher Schock war es, als sich erst lange nach der Wiedervereinigung herausstellte: Benno Ohnesorg wurde von einem Stasi-Spitzel erschossen. Der Tod des Studenten war 1967 ein Fanal. Er führte zur „totalen" Solidarisierung der Studentenschaft mit den Gruppierungen, die die Grundlagen der Nachkriegsordnung im Westen Deutschlands überwinden wollten. Niemand in der Studentenschaft hätte in diesen Jahren geglaubt, dass sich hinter dem schießenden Berliner Polizeibeamten ein Mitarbeiter des Staatssicherheitsdienstes verbarg. Auch Wortführer der sogenannten konservativen Studenten begleiteten den Trauerzug mit dem toten Studenten zum „Zonengrenzübergang" nach Dreilinden.

Rudi Dutschke war der charismatische Wortführer des aka-

Der CDU-Politiker Eberhard Diepgen zur Zeit der Studentenrevolte. Der gebürtige West-Berliner war von 1984 bis 1989 und von 1991 bis 2001 Regierender Bürgermeister von Berlin.

demischen Protests. Uwe Dannenbaum zeigt ihn in Aktion, mit seiner ganzen Ausdruckskraft. Mich haben die demokratietheoretischen Überlegungen des Studentenführers genauso wenig überzeugt wie die Vorschläge zur Überwindung der Hochschulkrise. Ich wollte nicht die Welt revolutionieren, ich wollte – darin vertrat ich die Strömung, die noch bis 1967 die bundesdeutsche Studentenschaft prägte – den freien und verantwortlichen Studenten: studentische Selbstverwaltung in Studentenwerk, studentischer Krankenversicherung, Wohnheimen und Mensen sowie Mitwirkung in Fragen der akademischen Selbstverwaltung. Aber Dutschke überzeugte viele Studenten mit seiner rhetorischen und demagogischen Kraft. Ich war zu seinen Veranstaltungen gegangen, weil ich nicht verstand, warum seine Thesen einen derart großen Einfluss in der Studentenschaft hatten. Mein Misstrauen, das ich mir bis heute gegen jede Form von demagogischen und allzu populistischen Auftritten bewahrt habe, stammt aus den praktischen Erfahrungen dieser Zeit. Genauso wie die Tatsache, dass mich johlende und jedes Widerwort niederschreiende Versammlungen nicht beeindrucken. Tolerant war die studentische Protestbewegung von 1968 wahrlich nicht. Wer wollte, konnte im Audimax der FU Standfestigkeit lernen. Für Journalisten aus dem Hause Springer war eine „Enttarnung" mit Gefahren für die körperliche Unversehrtheit verbunden.

Nach der Enttarnung des Todesschützen Karl-Heinz Kurras wurde ich oft gefragt, ob auch Rudi Dutschke ein Handlanger der DDR – damals noch SBZ genannt – war. Ich bleibe bei meinem Nein. Er war Kritiker der DDR und auf der Suche nach einem aus seiner Sicht humanen Gesellschaftssystem. Und die studentische Kritik an den Zuständen an Deutschlands Universitäten bot guten Anlass zu grundsätzlicher Gesellschaftskritik. Gegen den Mief unter den Talaren gab es ein großes studentisches Bündnis.

Was brachten die in diesem Buch abgebildeten Demonstrationen? Nicht in einen Topf werfen darf man diese Frage mit der nach den Folgen der RAF. Ein Zusammenhang kann sicher nicht einfach verneint werden. Die Studentenbewegung für den nachfolgenden Terror verantwortlich zu machen wäre zu simpel. Die 68er rechnen sich gerne eine Liberalisierung der gesellschaftlichen Entwicklung in der Bundesrepublik zu. Das stimmt in weiten Bereichen. Die Emanzipationsbewegung und der Umgang mit der Sexualität sind nur zwei Beispiele. Die bereits Anfang der 1960er Jahre begonnene stärkere Auseinandersetzung mit dem nationalsozialistischen Unrecht wurde weiter forciert. An den Hochschulen gab es weitgehende Veränderungen. Längst nicht alles war sinnvoll. So wie Hochschulen und Staat der studentischen Protestbewegung durch Inkompetenz, Sturheit und Verweigerung jeder Diskussion um notwendige Veränderungen zunächst den Boden bereitet haben, so kapitulierten Hochschulen und Hochschulgesetzgeber später vor jeder unter Androhung neuer Demos vorgetragenen Forderung. Die deutschen Universitäten brauchten fast drei Jahrzehnte, um qualitätshemmende Organisationsstrukturen als Folgen der 68er-Bewegung abzubauen.

Der Bildband von Uwe Dannenbaum kann als Lehrbeispiel für Politik Verwendung finden.

„Ein Erwachen aus lähmendem Dämmerschlaf"

von Walter Momper

Die 68er-Revolte war der Beginn einer Bewegung, die unser Land nachhaltig verändert hat. Initiiert und befördert von einer zornigen Generation, die ein neues Denken erzwingen und der gesellschaftlichen und politischen Kultur eine neue Richtung geben wollte. Andererseits auch ein Aufbruch, der mit Fehlern behaftet war und der sich gelegentlich selbst diskreditierte. Dennoch empfanden wir, die Jüngeren, die Ereignisse damals als ein Erwachen aus lähmendem Dämmerschlaf, als eine Aufkündigung überholter Konventionen. Diese Perspektiven prägten unzählige Einzelschicksale, vor allem jener, die die Geschehnisse hautnah miterlebten. Das trifft auch auf mich zu. Meine berufliche und politische Laufbahn wäre anders verlaufen, hätte es die 68er-Bewegung nicht gegeben.

Als ich 1965 als 21-jähriger Student der Geschichtswissenschaften von München nach Berlin kam, trieb mich die gleiche hungrige Neugier um, die auch viele meiner Kommilitonen verspürten. Im Gepäck hatten wir Fragen, die bis dahin unbeantwortet waren, befördert durch populäre Vordenker wie Alexander und Margarete Mitscherlich oder Herbert Marcuse. Vor allem aber bedrückte uns ein Versäumnis unserer Eltern und Lehrer: In den Schulen der 1950er und 1960er Jahre endete der Geschichtsunterricht meist mit dem Niedergang der Weimarer Republik. Was danach kam, der Nationalsozialismus mit seinen menschenverachtenden Greueltaten und einem Krieg, der ganz Europa ins Unglück stürzte, wurde selten oder nur oberflächlich thematisiert. Zu viele Fragen blieben unbeantwortet.

Auf dem Campus der Freien Universität gärte es schon damals mächtig. Der Vietnamkrieg warf seine langen und dunklen Schatten auch auf die deutschen Hochschulen. Ich erinnere mich noch gut: Forciert durch politisch ambitionierte Wortführer innerhalb der Studentenschaft, setzte eine Diskussion ein, die nicht nur das militärische Eingreifen der USA in Asien in Frage stellte, sondern auch die Art, wie die Vorkommnisse in der Öffentlichkeit diskutiert und von den Medien bewertet wurden. Vollends eskalierte die Entwicklung mit dem Schah-Besuch im Juni 1967 und dem gewaltsamen Tod des Studenten Benno Ohnesorg. Der tragische Vorfall war ein Fanal: Die Betroffenheit vieler Kommilitonen schlug in erbitterten Zorn um, der sich in Hass verwandelte. Polizei und Demonstranten standen sich unversöhnlich gegenüber, ohne jedes Verständnis füreinander. Keine Seite war auf solch eine Situation vorbereitet. Die Folgen sind hinreichend bekannt.

Es setzte eine Entwicklung ein, die am Fundament des bis dahin geltenden bürgerlichen Wertesystems rüttelte. Kein politisches, soziales oder gesellschaftliches Feld war ausgenommen. Der atemberaubende Prozess beförderte eine Diskussions- und Streitkultur, wie man sie bis dahin an den deutschen Hochschulen nicht kannte, der man sich als Student nicht entziehen konnte und auch nicht wollte. Fast täglich wurde der universitäre Betrieb durch Sit-Ins, Demonstrationen und Streiks unterbrochen. Konservative Professoren sahen sich scharfen Attacken ausgesetzt, fühlten sich in ihrer Würde und Autorität verletzt. Ein neuer, ideologisierter Sprachgebrauch etablierte sich. Begriffe wie repressive Toleranz, antiautoritäre Erziehung gehörten zum Standardwortschatz. Was im Übrigen die Bemühungen der studentischen Wortführer, für ihre Ideen in der Bevölkerung zu werben, erheblich erschwerte. Die Berliner, an Klartext gewohnt, wollten keine Parolen oder akade-

Der SPD-Politiker Walter Momper zur Zeit der Studentenrevolte. Er war von 1989 bis 1991 Regierender Bürgermeister von Berlin und von 2001 bis 2011 Präsident des Abgeordnetenhauses von Berlin.

mischen Chiffren hören, und schon gar nicht wollten sie gewaltsam auf den Straßen ausgetragene Konflikte. Die Mehrheit lehnte die antiamerikanische Einstellung der Demonstranten ab, verdankte man doch den Schutzmächten, somit auch den stationierten US-Soldaten, dass sich die Stadt der kommunistischen Machtansprüche erwehren konnte. Es entwickelte sich ein Konflikt, der die Gesellschaft spaltete, bis in die Familien hinein.

Viele von uns waren in einem Elternhaus aufgewachsen, in dem man stolz darauf verwies, was man nach dem Krieg geleistet und wiederaufgebaut hatte. Unseren Altvorderen war unverständlich, warum diese Werte plötzlich in Misskredit gerieten. Es bahnte sich ein Generationenkonflikt an, der immer offener ausgetragen wurde. Während die einen gegen die Einführung der Notstandsgesetze, weltweites Wettrüsten und die Atombewaffnung demonstrierten, für mehr Frauenrechte, eine antiautoritäre Kindererziehung und sexuelle Freiheiten warben, meldeten sich empörte Bürger zu Wort, die ihr Unverständnis mit Gegendemonstrationen kundtaten.

Längst hatten sich innerhalb der Studentenschaft unterschiedliche linke Gruppierungen gebildet, die sich in ihren politischen Zielsetzungen erheblich unterschieden – von orthodoxen maoistischen Zirkeln bis hin zur Kommune 1. Nur eines hatte man gemeinsam: Jede dieser Gruppen nahm für sich in Anspruch, am Beginn eines befreienden Aufbruchs zu stehen. Zusehends organisierte sich der Protest, drängte mit spektakulären Aktionen an die Öffentlichkeit. Immer häufiger kam es zu heftigen Auseinandersetzungen, sogar zu Handgreiflichkeiten an den Hochschulen und zunehmend auf den Straßen. Wir, die kritischen Studenten, forderten nicht nur die konservative Professorenschaft heraus, sondern die gesamte bürgerliche Gesellschaft, die sich ihrerseits über die Medien artikulierte. Längst waren die trennenden Gräben tief ausgehoben, auch innerhalb der Studentenschaft.

Nicht alle ließen sich in den Strudel radikaler Kritik und Ablehnung ziehen. So leidenschaftlich die Proteste der einen waren, so harsch waren die Stellungnahmen jener, denen plötzlich ein heiles Weltbild zu entgleiten drohte. Andere wiederum hielten sich grundsätzlich aus allem heraus, wollten lediglich ungestört studieren, verschanzten sich in ihren Seminarräumen. Ich habe selbst erlebt, wie Seminare gestürmt und gestört wurden, um Diskussionen zu erzwingen. Daran beteiligt habe ich mich nicht, wohl aber an anderen Aktionen. Die aufkeimende Gewalt verschreckte viele, machte auch mich betroffen. Andererseits hielt ich, wie viele meiner Kommilitonen, eine grundlegende Hochschulreform für dringend erforderlich.

Mit dem Mordanschlag auf den Studentenführer Rudi Dutschke am 11. April 1968 brach ein Damm. In den folgenden Monaten und Jahren nahmen Gewalt und Schärfe der Auseinandersetzungen stetig zu, bis schließlich mit Gründung der RAF und der gewaltsamen Befreiung von Andreas Baader eines der unheilvollsten Kapitel in der deutschen Nachkriegsgeschichte begann.

Inzwischen haben sich die Wogen geglättet. Immerhin haben die 68er uns gelehrt, unsere Rechte wahrzunehmen und uns verordnetem Obrigkeitsdenken zu widersetzen. 1968 erlebt zu haben bevorzugte uns im Westen gegenüber unseren Landsleuten im anderen Teil Deutschlands. Was wir damals erstritten, mussten diese sich durch eine andere, eine friedliche Revolution Jahrzehnte später erkämpfen.

Der Tod des Benno Ohnesorg

Wie am 2. Juni 1967 alles begann: Nach heftigen Zusammenstößen mit der Polizei vor der Deutschen Oper versammeln sich abgedrängte Demonstranten in der benachbarten Krumme Straße. Ihr Unmut richtet sich vor allem gegen den Berlin-Besuch des Schahs von Persien. Zu diesem Zeitpunkt hat es bereits etliche Festnahmen und Verletzte gegeben.

Ein Tag, der nicht war wie jeder andere: der 2. Juni 1967. Ein ereignisreicher Tag, von dem niemand ahnt, dass er in die deutsche Geschichte eingehen wird. Ein Tag, an dem ein Schuss aus der Dienstwaffe des Kriminalobermeisters Karl-Heinz Kurras das Leben des Studenten Benno Ohnesorg auslöscht. Ein Schuss, der lange nachhallt, die Republik über Jahrzehnte in Atem hält und bis heute verändert hat.

Der iranische Schah Mohammad Reza Pahlavi ist an diesem Tag in Begleitung seiner Ehefrau Farah Diba zu Gast in Berlin. Für die meisten Leute und die bürgerliche Presse ist es ein Paar wie aus einem orientalischen Märchen. Für jene jungen Menschen hingegen, die in diesen Jahren zunehmend mit der Politik ihrer Väter hadern, mit deren Verwicklung in Deutschlands nationalsozialistische Vergangenheit und die Restaurationstendenzen unter dem Kanzler Konrad Adenauer, ist Reza Pahlavi ein menschenverachtender Despot, der politische Gegner erbarmungslos verfolgt und foltern lässt. Aufgerüstet durch die USA, galt der Iran als Statthalter amerikanischer Weltmachtansprüche im Mittleren Osten.

Die Stimmung ist aufgeheizt an diesem Tag. Als die Staatsgäste vor dem Rathaus Schöneberg eintreffen, prügeln unvermittelt vom iranischen Geheimdienst angeheuerte Landsleute mit Holzlatten auf Anti-Schah-Demonstranten ein. Die Polizei muss sich danach vorhalten lassen, die „Jubelperser", wie sie später genannt werden, nicht gestoppt zu haben.

Am Abend steht ein Besuch der Staatsgäste in der Deutschen Oper auf dem Programm: „Die Zauberflöte" wird gegeben. Wieder kommt es zu Protesten. Greiftrupps verfolgen flüchtende Demonstranten in die gegenüberliegende Krumme Straße. Im Innenhof des Hauses 66/67 eskaliert der Konflikt im Halbdunkeln zu einer wilden Prügelei. Plötzlich ein trockener, lauter Knall: ein Schuss. Ein junger Mann liegt am Boden. Regungslos. Eine junge Frau beugt sich über ihn. Ratlosigkeit. Jemand ruft: „Niemand, der helfen kann?"

Am nächsten Tag steht fest: Der junge Mann am Boden ist der Student Benno Ohnesorg. Erschossen von einem Polizeibeamten – einem Spitzel der DDR-Stasi, wie sich 41 Jahre später herausstellen wird. Zweimal wird der Schütze wegen des Vorwurfs der „fahrlässigen Tötung" vor Gericht stehen. Zweimal werde ich als Zeuge gehört, meine Fotos liegen als Beweismittel vor. Das Urteil: Freispruch.

Danach wandern die Negative der Fotos als wertvolle Zeitdokumente in ein sicheres Bankschließfach. Sie dokumentieren den entscheidenden Wendepunkt in der 68er-Bewegung: Nach dem 2. Juni 1967 wurden die studentischen Proteste deutlich lauter – und gewalttätiger.

Die Situation ist angespannt. In der Krumme Straße stehen sich Demonstranten und Polizei gegenüber. „Greiftrupps" in Zivil nehmen einen vermeintlichen Straftäter fest (Bild unten). Einige Protestierer flüchten in den Innenhof des Hauses 66/67. In dem Gedränge kommt es zu heftigen Schlägereien zwischen Polizisten und Demonstranten (Bild S. 13).

Nur für
Mieter

Die Polizisten machen rigoros vom Schlagstock Gebrauch. Mindestens fünf Mal schlagen sie auf den Medizinstudenten Götz F. ein, wie Zeugen nachher aussagen. Die spektakulären Bilder gelten später vor Gericht als Beleg dafür, dass Demonstranten wahllos verprügelt wurden. Die eingesetzten Beamten bestritten dies jedoch vehement.

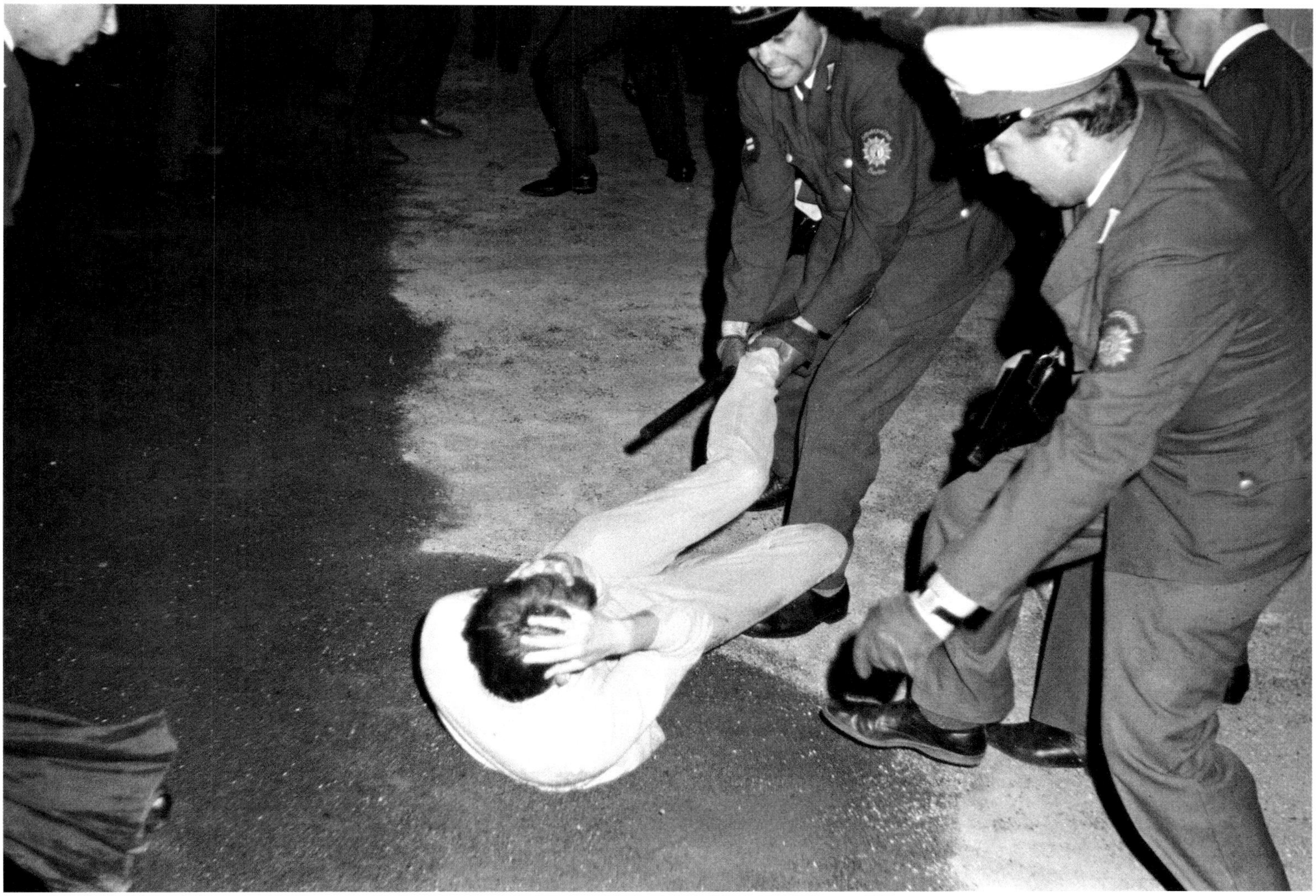

Während der Attacke gegen Götz F. ist plötzlich ein lauter Knall zu hören – vermutlich der tödliche Schuss aus der Dienstwaffe des Kriminalobermeisters Karl-Heinz Kurras, der den Studenten Benno Ohnesorg trifft. Der genaue Sachverhalt und der Ablauf der Geschehnisse werden nie geklärt, Zeugenaussagen und Gutachten widersprechen sich.

Das letzte Foto von Benno Ohnesorg bevor wenige Sekunden später die Kugel aus der Waffe von Kurras ihn trifft. Das Bild wird vor einer Teppichklopfstange im Innenhof des Hauses Krumme Straße 66/67 aufgenommen. Im Hintergrund spielen sich chaotische Szenen ab: wilde Schlägereien zwischen Polizisten und Demonstranten.

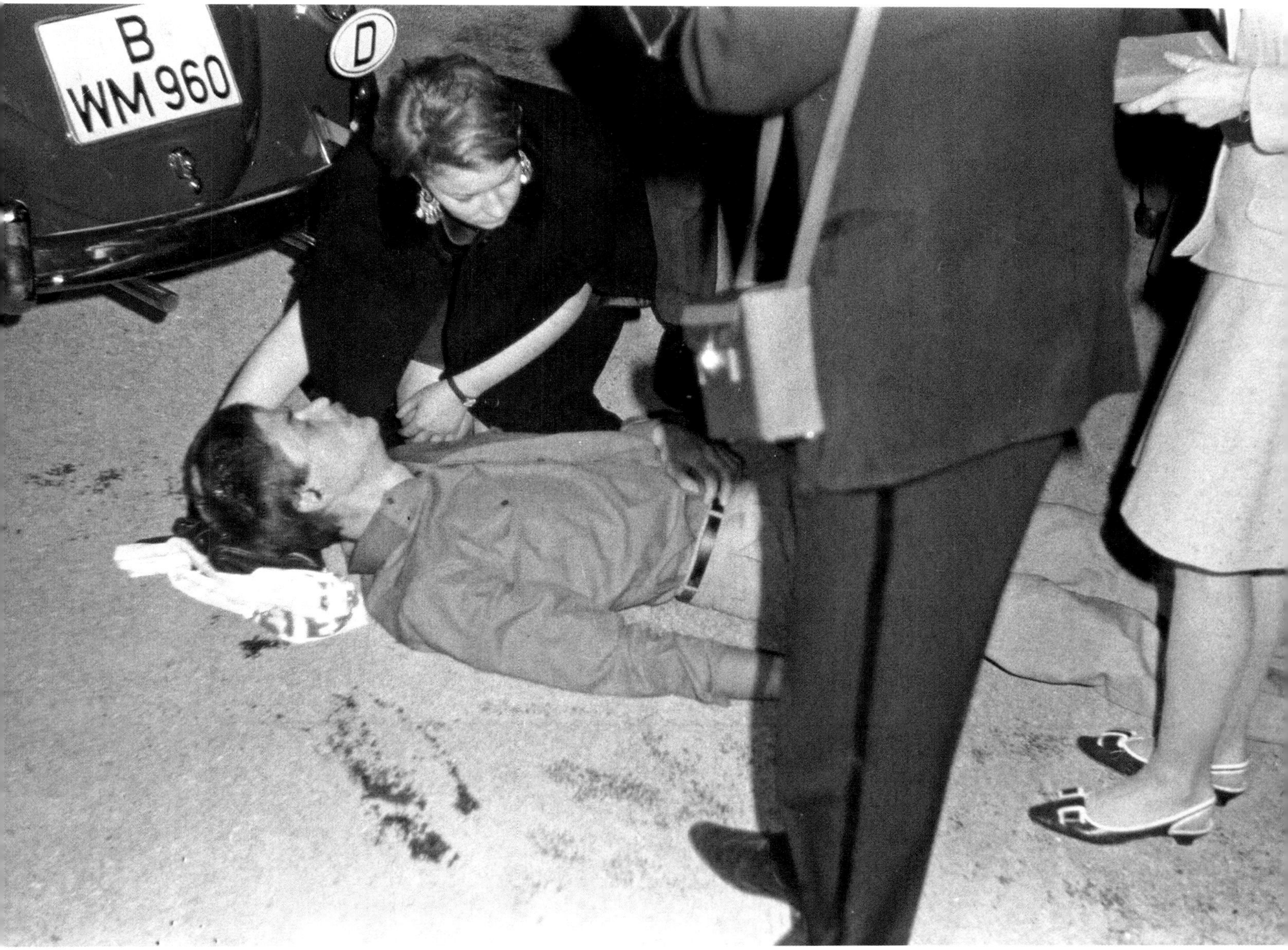

Benno Ohnesorg liegt, getroffen von der Kugel eines Polizisten, am Boden, die Zeugin Friederike D. bemüht sich um den Verletzten. Dieses Foto wurde zum Symbol für den Beginn der 68er-Bewegung, es beeinflusste entscheidend den Verlauf der Studentenrevolte in Deutschland, auch wenn deren Ursprünge weiter zurückliegen.

D
B-UE 474

Ratlosigkeit und Entsetzen, wie sie sich hier im Gesicht eines Polizeibeamten widerspiegeln, prägen in der Folgezeit die politischen Diskussionen. Erst Jahrzehnte später wird aufgedeckt, dass der Todesschütze, der Kriminalobermeister Karl-Heinz Kurras, ein Spitzel der Staatssicherheit der DDR war.

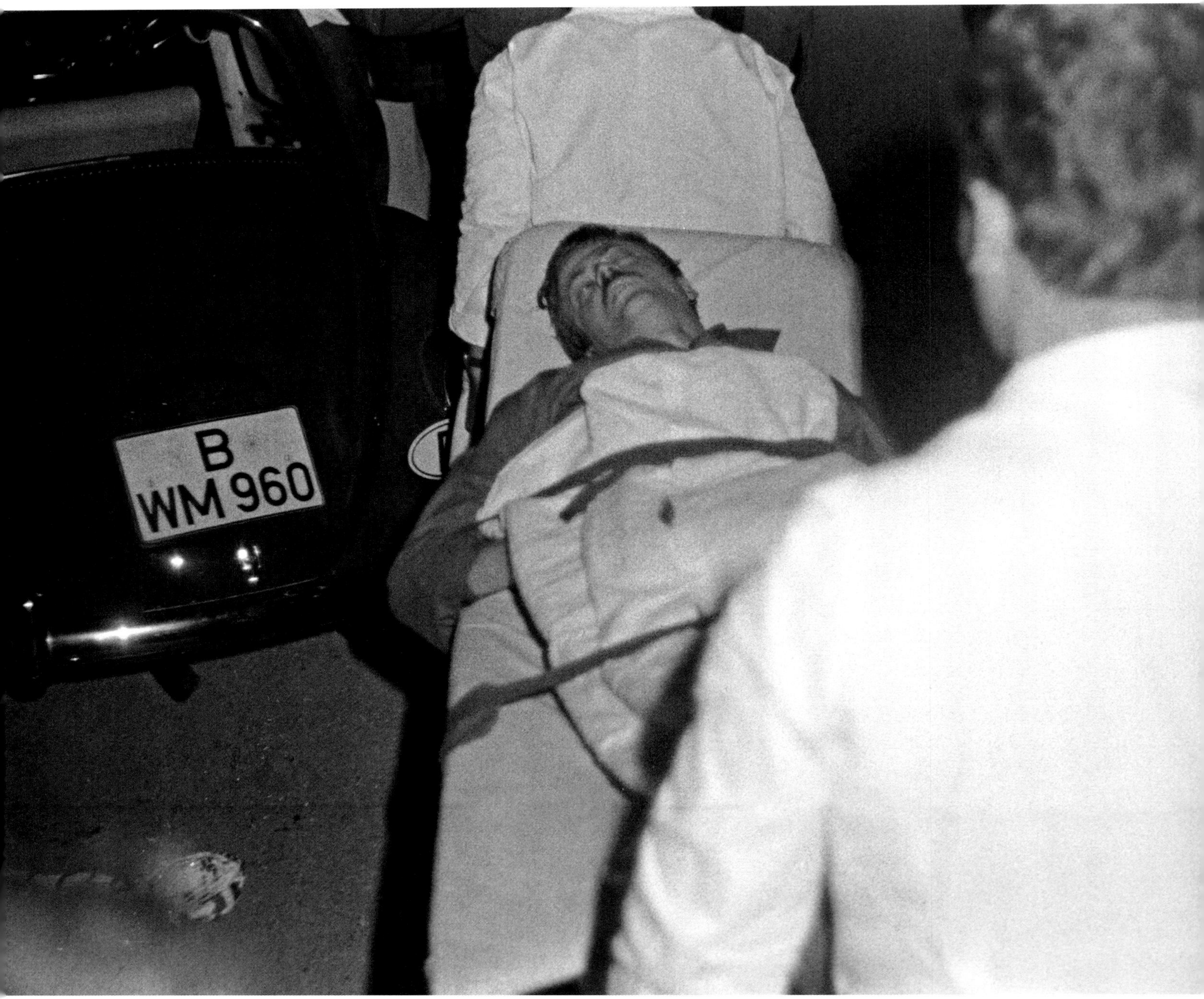

Minuten nach dem Schuss wird der Schwerverletzte abtransportiert. Trotz einer Notoperation können die Ärzte den Patienten nicht retten. Eine lückenlose Aufklärung des Geschehens wird nie gelingen. Kurras, auf dem Bild S. 21 hinter Dietrich Bertram, Reporter der „Berliner Abendschau“, wird wegen fahrlässiger Tötung angeklagt – und freigesprochen.

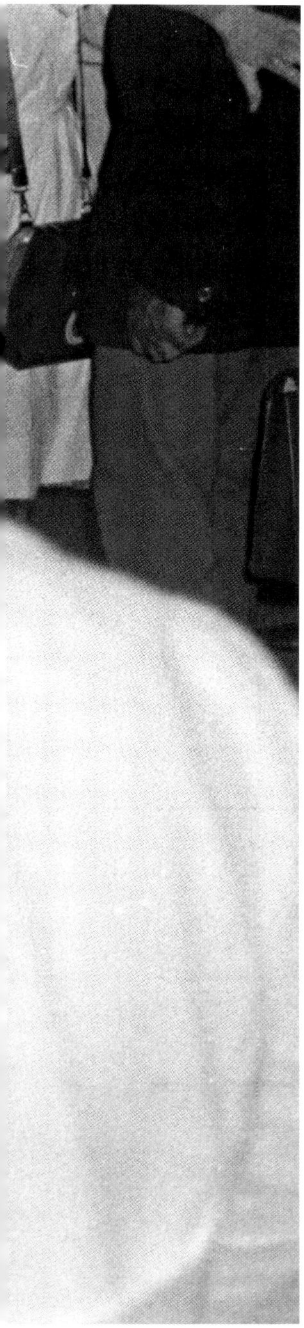

Die Demonstrationen in der City

Berliner Alltag im Februar 1968: eine Demonstration gegen die Militärdiktatur in Griechenland von der Kaiser-Wilhelm-Gedächtniskirche in Richtung Kurfürstendamm. Die Berliner beobachten die Geschehnisse meist gelassen vom Straßenrand aus, die von den Initiatoren erhoffte Solidarisierung breiter Bevölkerungsschichten bleibt aus.

Tage des Zorns, der Gewalt, Tage der Empörung, der Ratlosigkeit und der Diskussionen. Große Teile der akademischen Jugend, die jenes bürgerlich-kapitalistische System nicht akzeptieren wollen, das sich nach Ende von NS-Diktatur und Zweitem Weltkrieg in Westdeutschland etabliert hat, stehen einer Bevölkerungsmehrheit gegenüber, die den wirtschaftlichen Aufschwung genießen und ansonsten ihre Ruhe haben will. Über Jahre hält dieser Dissens Deutschland und vor allem West-Berlin in Atem. Er verewigt sich als zeitgeschichtliches Ereignis: als gewaltgetränkter Protest der 68er-Bewegung.

In der Nahaufnahme wirkt der Konflikt eher simpel: Polizisten gegen Demonstranten, verärgerte Bürger gegen Protestierer, meist bewusst öffentlichkeitswirksam ausgetragen auf dem repräsentativsten Boulevard der Stadt, auf dem Kurfürstendamm. Bald schon gilt der Einsatz von Tränengas und Wasserwerfern unter Berlinbesuchern als touristische Attraktion. Die Wellen schlagen hoch im Berliner Abgeordnetenhaus, an den Hochschulen und in den Medien. West-Berlin, bisher nur von außen bedroht, als Vorposten des westlichen Bündnisses inmitten der DDR, taumelt in eine innere Krise.

Für Journalisten war das eine neue, ungewohnte und nicht ungefährliche Situation. Eine Armbinde, auf der deutlich „Presse – Deutscher Journalistenverband" steht, soll ungehindertes Arbeiten garantieren, vor Polizeiknüppeln und gezielten Steinwürfen schützen. Doch oft bewirkt sie genau das Gegenteil. Als Berichterstatter und Fotograf genießt man nur noch eingeschränkt Neutralität, schnell gerät man zwischen die Fronten. Jeder gegen jeden. Die „Demos auf dem Kudamm" entwickeln sich zu einem fast täglich wiederkehrenden Ritual. Eine Solidarisierung der Bevölkerung mit den Protestierenden, wie von den Anführern der Bewegung erhofft, bleibt aus.

Stattdessen kommt es zu immer heftigeren Übergriffen durch die Staatsmacht und nicht minder radikalen Reaktionen durch die Demonstranten. Bürgerkriegsähnliche Szenen finden im öffentlichen Raum statt. Unvergessen bleiben etwa die Straßenkämpfe vor dem Amerikahaus in der Hardenbergstraße, die sich aus einer Demonstration gegen das militärische Engagement der USA in Kambodscha entwickeln. Die Polizei setzt ihre Reiterstaffel ein, die Randalierer antworten mit Katapulten und Stahlkugeln. Pferde stürzen getroffen zu Boden, ätzende Tränengasschwaden liegen in der Luft, Polizisten und Protestierende liefern sich eine regelrechte Schlacht mit Pflastersteinen. Ich stürze zu Boden, ein Demonstrant entwendet mir die Kamera, die geraubten Bilder sind für immer verloren.

Zwei Aktionen vom Juni 1967: Eine Kundgebung unter dem allgegenwärtigen Motto „Amis raus aus Vietnam" und eine der vielen von einer Gruppe um Dieter Kunzelmann initiierten „Sponti-Demonstrationen" auf dem Kurfürstendamm (Bild S. 25). Erst nach 1989 wird bekannt, wie stark die Stasi auf die Proteste Einfluss nahm – ohne Wissen der Protestierenden.

RADIKALINSKIS
ALLER LÄNDER
tut BUSSE!

Oberkommissar Werner Textor war bekannt für seinen Witz. Kostprobe: „Räumen Sie den Kurfürstendamm! Diese Bitte gilt auch für jene Kommilitonen, die hier bereits im 17. Semester demonstrieren." Oder: „Es beginnt jetzt die zweite Runde unseres Räumspiels Student gegen Gendarm!" Deeskalierend wirkten solche Sprüche nicht immer.

21. Oktober 1967: Demonstration gegen den Vietnamkrieg auf dem Kurfürstendamm, an der sich rund zehntausend Personen beteiligen. Nach anfänglich friedlichem Verlauf kommt es am Kranzler-Eck zu schweren Krawallen, die bis in die Nachtstunden dauern. Der Regierende Bürgermeister Klaus Schütz: „Das Wort Studentenunruhen lasse ich nicht gelten."

3. Februar 1968: Die gegen Demonstranten gerichteten Wasserwerfer auf dem Kurfürstendamm werden fast schon zur touristischen Attraktion. Der nicht ungefährliche Wasserstrahl bedroht immer wieder auch Unbeteiligte wie diese beiden Passantinnen (Bild S. 29). Immer wieder müssen Verletzte in Krankenhäuser eingeliefert werden.

Meinekestr.
TEPPICHE

№ 10

18. Februar 1968: Der Schriftsteller Günter Grass (Bild S. 30, links) bei einer Demonstration gegen den Vietnamkrieg anlässlich des Internationalen Vietnamkongresses. Grass setzt sich ausdrücklich für die Protestaktion ein, während die SPD gespalten ist in ihrer Haltung. Deshalb bekennen sich einige Protestierer demonstrativ zu ihrer SPD-Mitgliedschaft.

Während viele – zumal ältere – West-Berliner auf die Auseinandersetzungen und speziell auf die Kritik an den Amerikanern mit Unverständnis reagieren, wiederholen sich auf dem Kurfürstendamm nahezu wöchentlich tumultartige Szenen. Die Ereignisse locken, trotz aller Warnungen des Senats, immer wieder Tausende von Schaulustigen an (Bild S. 33).

P

GRUPPE AUS
USA

18. Februar 1968: Rudi Dutschke, Wortführer der Studentenbewegung, an der Spitze einer der größten Demonstrationen gegen den Vietnamkrieg durch die Berliner City (Bild S. 34). An seiner Seite der befreundete Publizist Gaston Salvatore. Auch bekennende Sozialdemokraten haben sich eingereiht.

Rosenthal
STUDIO-HAUS
Rosenthal
sind gegen SDS Terror !
Für Sicherheit in Europa
Für Abrüstung in allen Ländern

MEHRWERT STEUER
=
RÜSTUNGS STEUER

◁ Ein Foto, das deutlich macht, mit welcher Wucht Staatsmacht und Demonstranten immer wieder aufeinanderprallen. Oft ziehen sich die Straßenschlachten, bei denen es häufig Verletzte gibt, über Stunden hin. Die spektakulären Ereignisse haben häufig ein politisches Nachspiel: Es kommt zu hitzigen Debatten im Berliner Abgeordnetenhaus.

Bei Ausschreitungen in der City gehen fast immer Scheiben zu Bruch – und auch Polizeifahrzeuge bleiben nicht verschont (Bilder S. 38). Die Sachschäden gehen in die Hunderttausende, die Täter kommen häufig straffrei davon. Deren Verfolgung gleicht einem Katz-und-Maus-Spiel, das sich gelegentlich vom Kurfürstendamm bis zum Tauentzien hinzieht.

27. November 1967: Demonstranten fordern die Freilassung des Aktivisten Fritz Teufel vor dem Kriminalgericht in Moabit. Aus sicherer Distanz beobachtet eine Frau mit Kind das Geschehen (Bild S. 40). Dagegen geraten Passanten bei einer Demonstration am 3. Februar 1968 auf dem Kurfürstendamm unversehens unter Beschuss eines Wasserwerfers.

Wesentlich zur Eskalation der Gewalt trug das Attentat bei, das der 23-jährige Anstreicher Josef Bachmann am 11. April 1968 auf Rudi Dutschke verübte, der dabei schwere Hirnverletzungen davontrug, an deren Spätfolgen der Studentenführer 1979 starb. Der Anschlag löste bundesweit gewalttätige Demonstrationen aus …

… so auch am Ostersonntag auf dem Kurfürstendamm. Während der Ausschreitungen spielen sich bürgerkriegsähnliche Szenen ab. Demonstranten versuchen Barrikaden zu errichten, stürzen Autos um. Die Polizei setzt Wasserwerfer ein, was die Protestierer nur wenig beeindruckt, wie die folgenden Seiten zeigen.

Von der Terrasse des Café Kranzler aus fotografiert: Demonstranten, die ein großes Transparent mit sich führen, geraten in den Strahl eines Wasserwerfers. Bis auf die Haut durchnässt, versuchen sie den bemalten Stoffstreifen hochzuhalten. Am Straßenrand hat sich eine lange Polizeikette postiert.

Durch die Wucht des Wasserstrahls wird das Transparent regelrecht zerschnitten. Ein Foto, das belegt, mit welcher Härte und Verbissenheit die Kontrahenten aufeinander losgehen – Pardon wird nicht gegeben. Die spektakulären Bilder gehen um die Welt, so wie die Aufnahmen auf der folgenden Doppelseite.

Mit dem Kreuz gegen einen Wasserwerfer. Was empörte Passanten als Missbrauch christlicher Symbolik deuten, interpretieren andere als ein Zeichen der Unterlegenheit. Die demonstrative Geste trägt keineswegs zur Schlichtung der Gewalt bei. Zu sehr fühlen sich beide Parteien moralisch im Recht.

Der Wucht des Wasserstrahls ist kein Regenschirm gewachsen. Sosehr diese Szene manchen Zuschauer am Straßenrand belustigt: Sie verdeutlicht die Verbitterung und den unbeugsamen Widerstandsgeist vieler Protestierer. An diesem Tag eskaliert die Gewalt mehr und mehr, wie die nächsten Fotos zeigen.

HAUS FÜR
HÖRGERÄTE

Demonstranten plündern auf dem Kurfürstendamm das Material- und Gerätelager einer Straßenbaustelle, um Barrikaden zu errichten. 381 Personen werden festgenommen. Die Polizei zieht aus den Vorfällen Konsequenzen und erteilt Auflagen: Fortan müssen vor angekündigten Demonstrationen die Straßen geräumt sein.

3. Februar 1968: Ein „Komitee der 100" hat zu einer Demonstration vor der Griechischen Militärmission in der Uhlandstraße aufgerufen, um gegen die in Griechenland herrschende Junta zu protestieren. Danach ziehen etwa tausend Teilnehmer zum Kurfürstendamm und blockieren die Fahrbahnen.

Bei der Kundgebung gegen die Militärdiktatur in Griechenland hat die Polizei alle Mühe, die Ausschreitungen unter Kontrolle zu bringen. Immer wieder kommt es zu Handgreiflichkeiten zwischen Beamten, Demonstranten und Passanten. Tagesbilanz: sieben Verletzte und vierundzwanzig Festnahmen.

Berichterstatter und Fotojournalisten waren bei den großen Berliner Demonstrationen stets hautnah dabei. Der junge Mann mit der Kamera war damals noch weithin unbekannt. Als Siebzehnjähriger bereits professionell für Tageszeitungen arbeitend, wurde Jim Rakete später mit Porträtaufnahmen, vor allem von Musikern, bekannt.

Bilder der Festnahme von Protestierenden in der Berliner Innenstadt, vermutlich aus dem Jahr 1969. Die Beamten sind bereits mit modernen Schutzhelmen ausgestattet, die alten Tschakos, die wir auf den vorigen Seiten sehen, haben ausgedient. Die Art der Konfliktaustragung indes hat sich nicht geändert.

▷ Was auf den ersten Blick wie eine Schneeballschlacht mit vielköpfiger Teilnehmerschar aussehen mag, war eine der unzähligen Kundgebungen, die 1968 und in den Folgejahren in der City stattfanden und zumindest am Rande Auseinandersetzungen zwischen Demonstranten und Ordnungskräften mit sich brachten.

LICHTHAUS MOSCH

Demonstrationen zum Maifeiertag der Jahre 1969 und 1970 (Bild S. 59) sind für alle linken Gruppierungen willkommener Anlass, um auf die Straße zu gehen. Längst haben sich unterschiedliche ideologische Strömungen gebildet: Die 68er-Bewegung umfasst ein Spektrum von linken SPD-Anhängern bis zu radikalen Maoisten.

B-WK 328

Die Geschäfteinhaber in der City bilanzieren regelmäßig zertrümmerte Schaufensterscheiben, beschädigte Autos und Umsatzeinbußen. Die betroffenen Händler sind empört und fordern Entschädigungen. Doch nur selten werden Randalierer festgenommen oder gar gerichtlich belangt.

Eine Armbinde (links) soll bei den Demonstrationen Journalisten erkennbar machen und vor Übergriffen schützen. Doch die Situation ist oft – wie hier am Kurfürstendamm – so unübersichtlich oder eskaliert so rasch, dass auch Reporter und Fotografen bisweilen Blessuren davontragen.

Nach einer längeren Ruhephase brechen im Mai 1970 erneut gewaltsame Proteste aus. Einer der Anlässe ist die militärische Intervention der USA in Kambodscha. Linke Gruppen machen mobil und rufen zu Protesten vor dem Amerikahaus in der Hardenbergstraße auf. Am 9. Mai kommt es zu einer blutigen Straßenschlacht.

GRUPPO
MARXISTA
LENINISTA
ITALIANO
BERLINO

Deutliche Spuren der Verwüstung am 9. Mai 1970 in der Hardenbergstraße. Die Reiterstaffel der Berliner Polizei versucht, die Demonstranten auseinanderzutreiben. Dabei stößt sie auf erbitterten Widerstand. Vom Gelände der Technischen Universität aus werden die Pferde mit Stahlkugeln beschossen …

… und eines der Tiere stürzt getroffen zu Boden. Die Szenerie wird immer turbulenter und unübersichtlicher. Eine Gruppe von Demonstranten verbarrikadiert sich in den Universitätsräumen. Um eine weitere Eskalation zu vermeiden, verzichtet die Polizei darauf, diese gewaltsam zu räumen.

HOTEL
SCHIFF

BAHNHOF ZOOLOGISCH
BOTE
BOCK
EARLY BIRD
EARLY BIRD
DISCOTHEK
DANCING
INFORMATIONSZENTRUM
BERLIN

◁ Vor dem Amerikahaus kommt es immer wieder zu antiamerikanischen Kundgebungen, so auch am 9. Mai 1970. Rund fünftausend Menschen protestieren gegen die Kambodscha-Politik der USA. Da die Hardenbergstraße vor der Kultureinrichtung abgesperrt ist, sammeln sich die Demonstranten vor dem Bundesverwaltungsgericht vis-à-vis (Bild oben).

Im Umfeld nahezu jeder größeren Demonstration werden Bankfilialen attackiert. Die Geldinstitute gelten als Stellvertreter des zu bekämpfenden „kapitalistischen Systems". Der Polizei gelingt es nicht immer, alle Objekte zu schützen. Das sorgt im Berliner Abgeordnetenhaus wieder einmal für heftige Debatten.

Demonstranten mit Vietcong-Fahnen am 9. Mai 1970 im Anmarsch auf das Amerikahaus. Kurze Zeit später tobt eine schwere Straßenschlacht zwischen den fünftausend Demonstranten und siebentausend Polizisten. Die Polizei setzt Wasserwerfer und eine Reiterstaffel ein. Manche Protestler beginnen zu Pflastersteinen zu greifen …

51

… und es entwickelt sich eine regelrechte Steinschlacht, nachdem die Einsatzleitung der Polizei jegliche Kontrolle verloren hat und einige Beamte zu demselben unerlaubten Mittel wie die Protestierer gegriffen haben. Allein auf Seiten der Polizei gibt es über zweihundert Verletzte.

Obwohl das Areal der Technischen Universität an der Hardenbergstraße am 9. Mai 1970 durch einen Stacheldrahtverhau für die Alliiertenparade am folgenden Tag abgeriegelt ist, suchen Demonstranten in deren Gebäuden Zuflucht. Die Polizei setzt Tränengas ein, die Patronen werden von einzelnen Kundgebungsteilnehmern zurückgeworfen (Bild S. 75).

Bilder, die die Heftigkeit der Straßenschlacht vom 9. Mai 1970 erahnen lassen. Die gewaltsamen Auseinandersetzungen weiten sich auf das Areal zwischen Bahnhof Zoo und Ernst-Reuter-Platz aus und werden von beiden Seiten mit großer Wut geführt. Tränengasschwaden liegen in der Luft.

NER

Eine Festnahme und Spuren der Gewalt nach einer Demonstration in der City. Eingeworfene Schaufenster sind keine Seltenheit, gelegentlich kommt es auch zu Plünderungen. Bei den Aufräumarbeiten wird die Feuerwehr häufig massiv behindert, die Einsatzfahrzeuge werden durch Steinwürfe beschädigt.

Die Angst, von einem Pflasterstein getroffen und schwer verletzt zu werden, ist groß – auch bei unbeteiligten Passanten und Journalisten wie dem Kollegen im Hintergrund links. Steinwerfer, die gefasst werden, müssen mit drastischen Strafen rechnen. Aber nicht immer reicht die Beweislage für eine Verurteilung aus.

Oft stehen die Polizeibeamten zwischen den Fronten: Einerseits müssen sie, so wie hier, verhindern, dass es zu Zusammenstößen zwischen aufgebrachten Passanten und den Protestlern kommt, andererseits werden sie von Demonstranten in Atem gehalten, die die Gesetze verletzen.

Stets die Kamera im Anschlag, in dieser Situation mal selbst fotografiert: der Autor dieses Buches, der in jenen Jahren als Polizeireporter einer Berliner Tageszeitung seine Arbeit mehr auf der Straße denn am Schreibtisch verrichtete. Die Aufnahme stammt von dem Kollegen Pavel Sticha, der sie freundlicherweise zur Verfügung stellte.

Die Straßenschlacht am Tegeler Weg

Als der prominenteste Anwalt der Außerparlamentarischen Opposition (APO), Horst Mahler, aus der Anwaltschaft ausgeschlossen werden soll, formiert sich heftiger Widerstand. Am 4. November 1968 kommt es im Tegeler Weg in Charlottenburg zu einer spontanen Kundgebung, die zum gewalttätigsten Ereignis des Jahres ausartet.

Das Jahr 1968 beschert West-Berlin einen Gewaltreigen, wie ihn die Stadt nach dem Zweiten Weltkrieg nie erlebt hat. Auf den Studentenführer Rudi Dutschke wird am Gründonnerstag ein Attentat verübt. Die folgenden Ostertage sind geprägt von Gewalt. Studenten versuchen das Haus des Springer-Verlags zu stürmen, dessen Blättern, vor allem „Bild", eine Hetzkampagne gegen die 68er vorgeworfen wird, der letztlich Dutschke zum Opfer gefallen sei. Erst im Herbst ebben die Krawalle ab. Dann aber folgt am 4. November ein Ereignis, das alles bisher Dagewesene überbietet: die „Schlacht am Tegeler Weg". Sie geht als das gewalttätigste Ereignis der 68er-Bewegung in die Geschichte ein.

Der Anlass für die Ausschreitungen: Im Landgericht am Tegeler Weg in Charlottenburg berät ein Ehrengericht der Berliner Anwaltschaft auf Antrag der Staatsanwaltschaft über die berufliche Zukunft eines der bekanntesten Anwälte der Außerparlamentarischen Opposition: Horst Mahler. Er soll aus der Anwaltschaft ausgeschlossen werden, was einem Berufsverbot gleichkäme. Bereits Tage zuvor wird in radikalen studentischen Kreisen „zum Widerstand gegen die Justiz" aufgerufen. Man macht mobil, fordert auf, sich vorsorglich mit Schutzhelmen und Verbandszeug auszurüsten. Die geplante Aktion soll die entscheidende Abrechnung mit der Staatsmacht werden.

Am Morgen des 4. November versammeln sich nach und nach Protestierende in der Nähe des Gerichtsgebäudes. Eine rauffreudige Gruppe von Rockern aus dem Märkischen reiht sich ein. Immer wieder Sprechchöre: „Hände weg von Mahler!" An der Kamminer Straße kommt es zu ersten Zusammenstößen mit der Polizei – Tomaten und Farbbeutel fliegen. Die Menge ist auf rund tausend Personen angewachsen. Demonstranten munitionieren sich von einem zufällig vorbeifahrenden Lastwagen, der mit Pflastersteinen beladen ist.

Knapp eine Stunde später bietet sich ein düsteres Bild: Der Tegeler Weg ist übersät mit Tausenden von Pflastersteinen. Tränengaswolken wabern durch das sonst so ruhige Wohnquartier. Wasserwerfer gegen Demonstranten, Molotowcocktails gegen Polizeifahrzeuge. Die unvorbereiteten und deshalb schlecht ausgerüsteten Polizeibeamten sind restlos überfordert. Die offizielle Bilanz: Über 150 verletzte Personen und 48 Festnahmen.

Die Anstifter feiern die blutige Schlacht als die „erste militante Aktion in Berlin". Mit dem 4. November verliert die 68er-Bewegung endgültig ihre Unschuld: Sie büßt ihren Anspruch ein, die gesellschaftlichen Verhältnisse gewaltlos verändern zu wollen.

Hunderte Demonstranten haben die Absperrungen am Landgericht durchbrochen, wo über Mahlers Berufsverbot beraten wird. Die Polizisten, überrascht und unzureichend ausgerüstet, werden mit Farbbeuteln und Molotowcocktails angegriffen (Bild S. 87). Nach der „Schlacht am Tegeler Weg" erhält die Polizei neue Helme und Schutzschilde.

Kamminer Straße

Ein Polizist schleudert einen Pflasterstein in Richtung Demonstranten. Der Innensenator Kurt Neubauer (SPD) rechtfertigt das Fehlverhalten einzelner Beamter später als verständliche Ausnahme wegen einer „Notwehrsituation". 130 Polizisten werden an diesem Tag verletzt, die Beamten nehmen 48 Demonstranten fest.

Die Polizisten werden mit Feuerwerkskörpern (Bild oben), die Wasserwerfer mit Molotowcocktails beworfen. Die Beamten setzen ihrerseits zum ersten Mal Tränengasgranaten ein. Die erhoffte Wirkung bleibt aus. Meist werden die qualmenden Hülsen von den Demonstranten aufgelesen und zurückgeworfen.

Polizei-Aufmarsch auf der Tegeler Brücke. Die Beamten werden mit Feuerwerkskörpern attackiert. Die Initiatoren der Demonstration brüsten sich später damit, dass dies die „erste militante Aktion in Berlin" gewesen sei. Festgenommene Randalierer werden zu Gefangenensammelstellen gebracht (Bild S. 91).

▷ Pflastersteine werden während der „Schlacht am Tegeler Weg“ zum wichtigsten Kampfmittel gegen die Polizei. Dass über hundert Polizisten verletzt werden, hängt vor allem damit zusammen, dass sie nur mit unzureichender Schutzkleidung versehen sind. Niemand hatte mit dem Krawall gerechnet.

Bürgerkriegsähnliche Zustände am 4. November 1968 in Charlottenburg: Von der Ordnungsmacht werden Tränengas und Wasserwerfer eingesetzt, versprengte Demonstranten suchen Deckung hinter abgestellten Autos. Immer wieder fordern Sprechchöre: „Hände weg von Mahler!"

B
SU 223

Konfrontation am Spreeufer: Polizisten und mit Steinen bewaffnete Demonstranten stehen sich Auge in Auge gegenüber, bereit zur Attacke. Meist aber ist die Lage an diesem Tag unübersichtlich (Bild S. 97): Über Stunden versuchen Polizeibeamte vergeblich, die Unruhen zu ersticken.

Bilder, die mehr aussagen als jede Beschreibung: Tausende Pflastersteine auf dem Asphalt. Wie durch ein Wunder sind keine Menschenleben zu beklagen. Offiziell ist von 154 – zum Teil schwer – verletzten Personen die Rede. Die Demonstration am Tegeler Weg gilt fortan als die gewalttätigste in der Geschichte der 68er-Bewegung.

Schneller, als es der Polizei gelingt, Menschenansammlungen auseinanderzutreiben, bilden sich erneut kleine Gruppen von Demonstranten, von denen die vorrückenden Beamten attackiert werden, vor allem mit Steinwürfen. Dazwischen Schaulustige und Journalisten, die ebenfalls ihr Leben riskieren.

Eine dramatische Situation, wie sie sich an diesem Tag etliche Male wiederholt: Ein Demonstrant wird von einem Wurfgeschoss getroffen und stürzt verletzt zu Boden. Ein studentischer Sanitätsdienst leistet in 24 Fällen Erste Hilfe. Die tatsächliche Zahl der verletzten Protestler wird nie bekannt, da diese meist anonym bleiben wollen.

Straßenbarrikaden aus Autos, angreifende Demonstranten, explodierende Tränengasgranaten, Wasserwerfer in Aktion – das sind die beherrschenden Bilder dieses Tages. Selbst die Linksliberale Hochschulgruppe der FU, die sich zur APO rechnet, distanziert sich und rügt: „Die studentische Bewegung ist in Misskredit gebracht worden."

Tschako und Gasmaskenbrille – die Ausrüstung der Polizisten erweist sich als veraltet und wenig zweckdienlich. Zwar verfügt die Polizei zu diesem Zeitpunkt bereits über viertausend neue Schutzhelme, doch aus ungeklärten Gründen werden sie bei der Demonstration vor dem Landgericht am Tegeler Weg nicht eingesetzt.

Die Revolte an den Hochschulen

Die Studentenunruhen entzündeten sich maßgeblich an der US-Außenpolitik, speziell am Vietnamkrieg. „Ami go home" oder „Yankee go home" war ein allgegenwärtiges Motto der 68er. Auch die Notstandsgesetzgebung stand im Fokus akademischer Kritik.

Besetzte Institute, gesprengte Vorlesungen, bedrohte Professoren, erzwungene Diskussionen auf dem Dahlemer Gelände der Freien Universität. Kaum eine Woche im Sommer 1968, in der es nicht zu spektakulären Zwischenfällen an den Hochschulen in West-Berlin kommt.

An den Universitäten Amerikas und Westeuropas sind im Laufe der 1960er Jahre die Proteste entstanden, die in Deutschland in die Studentenrevolte von 1968 münden. Entzündet hatten sie sich international vor allem am militärischen Eingreifen der USA in Vietnam, speziell an dem Einsatz verheerender Kriegsmittel wie Napalmbomben. In Deutschland stehen daneben überholte Universitätsstrukturen und die geplante Verabschiedung der Notstandsgesetzgebung durch den Bundestag im Zentrum der Kritik. Doch mehr und mehr wenden sich die Proteste generell gegen die gesellschaftlichen Verhältnisse in der seit der Adenauer-Ära politisch erstarrten Bundesrepublik.

In West-Berlin wächst die Revolte rasch über den Campus der Berliner FU hinaus, doch bleiben die Hochschulen ihr Zentrum. Zwar versuchen die Wortführer, für ihre Anliegen in der Öffentlichkeit zu werben, aber ihre radikalen und akademisch formulierten Thesen erreichen die Bevölkerung kaum. Die erhoffte Solidarisierung der Massen bleibt aus. Auch die meisten Professoren zeigen kein Verständnis. Selbst der bissige Reim „Unter den Talaren – Muff von tausend Jahren“ läuft zunächst ins Leere.

Das öffentliche Unverständnis provoziert die Studenten zu immer drastischeren Aktionen. So kommt es mehrfach zur Besetzung und Plünderung des Rektorats der FU. Selbst der wegen seiner Reformfreudigkeit eine hohe Akzeptanz genießende Direktor des Otto-Suhr-Instituts, Alexander Schwan, wird persönlich attackiert. Aufgebrachte Studenten wollen ihn aus dem Fenster stürzen. Der Professor hat Glück: Das Fenster lässt sich nicht öffnen. Am 27. Mai stürmen 250 Studenten das Germanische Seminar in der Boltzmannstraße. Vier Tage wird das Institut gehalten. Appelle der Besetzer an die Mitstreiter, dass „Bücherklau konterrevolutionär“ sei, nutzen wenig. Es entsteht erheblicher Sachschaden.

Es wird rund ein Jahrzehnt dauern, bis die Freie Universität, der Ausgangspunkt der deutschen Studentenrevolte, zur Ruhe kommt.

18. Februar 1968: Schlusskundgebung vor der Deutschen Oper nach einer Demonstration anlässlich des Internationalen Vietnamkongresses. Wie so oft wurde gegen die amerikanische Außenpolitik protestiert und dem argentinischen Guerillaführer Che Guevara (links auf dem Plakat) gehuldigt. Aber auch die Notstandsgesetzgebung stand im Zielpunkt der Kritik.

27. Mai 1968: Studenten stürmen das Germanische Seminar in der Boltzmannstraße in Dahlem. Sie entwenden dem Hausmeister die Schlüssel und hissen auf dem Gebäude eine rote Fahne. Ein Transparent verkündet: „Rosa-Luxemburg-Institut. Dieses Institut ist vergesellschaftet." Der Vergesellschaftungsgedanke verführte manchen zum Diebstahl.

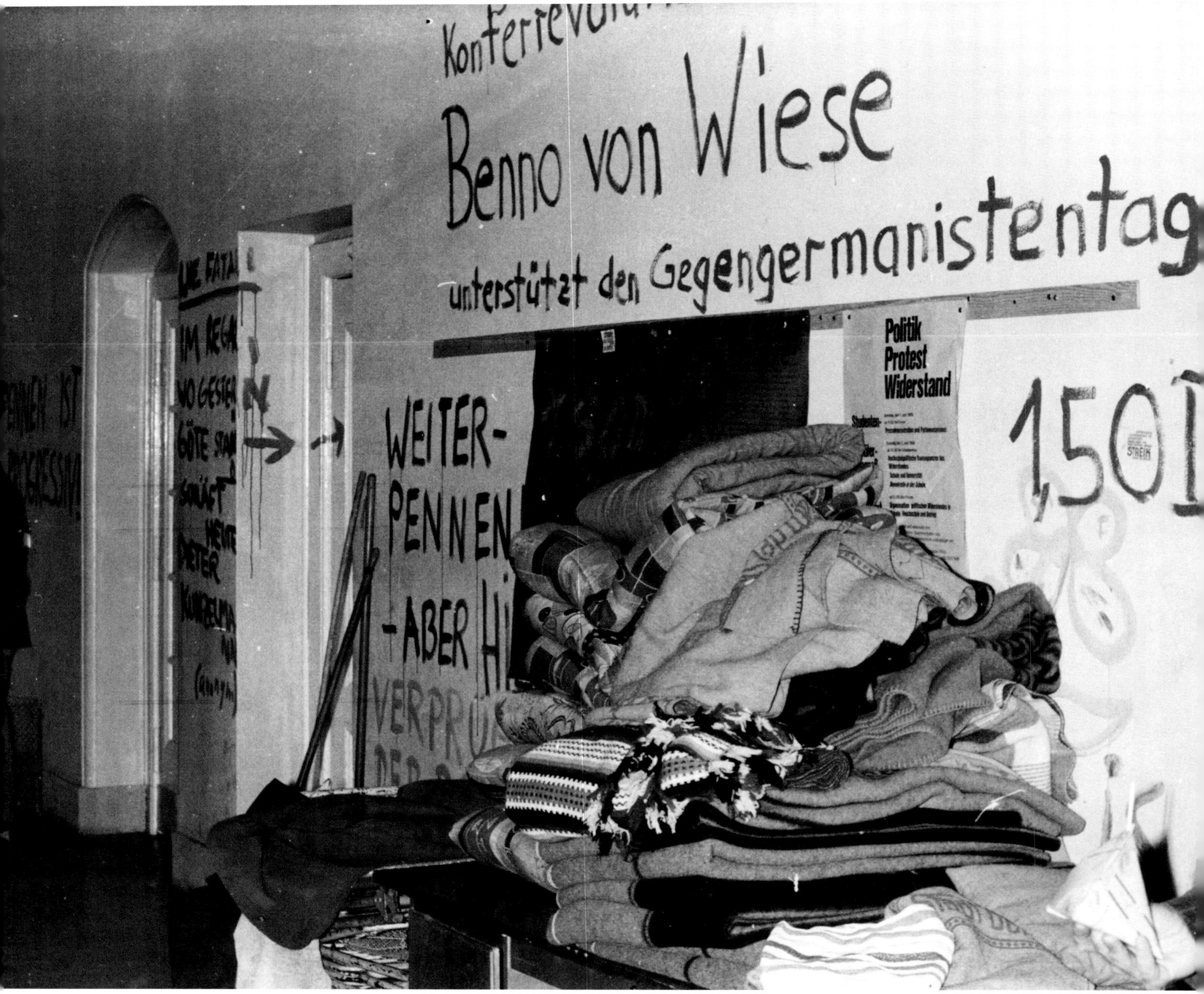

Die Zugänge zum Germanischen Seminar werden verbarrikadiert, die Räume bleiben bis zum 31. Mai besetzt. Bilanz der Besetzung: Die Schäden, die durch Diebstahl, Wandschmierereien und Auseinandersetzungen mit andersdenkenden Kommilitonen entstehen, betragen nach ersten Schätzungen mehr als 30 000 DM.

FOLGT
DER
ROTEN
FAHNE
SIE FLATTERT
EUCH VORAN!

Germanismus
führt zum
Faschismus

Turbulenter Alltag an der Freien Universität im Sommer 1968: Fast täglich kommt es zu Besetzungen und Sit-ins. Am 10. Juli wird das Rektorat gestürmt und verwüstet (Bild S. 111). Vorlesungen werden gesprengt oder massiv gestört. Bereits im November 1967 haben linke Kräfte innerhalb der FU eine „Kritische Universität" gegründet.

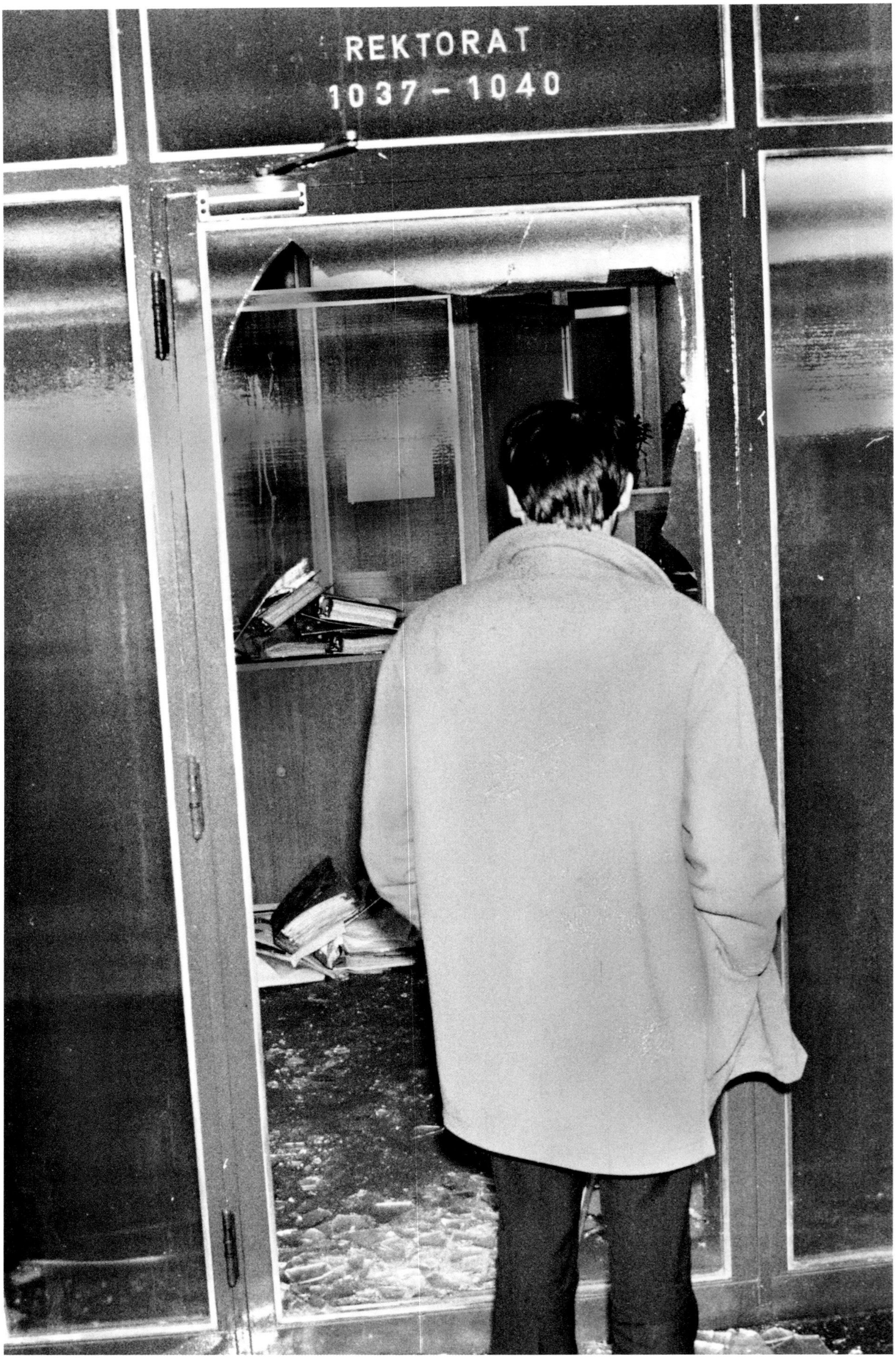
REKTORAT
1037 - 1040

Die Auseinandersetzungen auf dem Gelände der Freien Universität erreichen im Sommer 1968 ihren Höhepunkt. Mehrfach werden Institutsgebäude besetzt. Bei einer Plünderung des Rektorats stehlen Unbekannte Dienstsiegel und wichtige Unterlagen (Bild S. 114). Die Sachschäden beziffern sich auf rund 36 000 DM.

Die Freie Universität kommt über Jahre nicht zur Ruhe: demonstrierende Studenten vor dem Henry-Ford-Bau in Dahlem, andere bei einem Sit-in. Auch an der Technischen Universität und den anderen Hochschulen der Stadt gärt es. Die ausbleibende Reform des Hochschulwesens und die Notstandsgesetzgebung sind die wichtigsten Kritikpunkte.

10. Juli 1968: Mehrere Hundert Studenten blockieren den Zugang zum besetzten Rektorat der FU. Sie wollen den Abtransport festgenommener Kommilitonen verhindern, versperren mit einem Sit-in die Zufahrt für Polizeifahrzeuge. Die Räumung verläuft turbulent, die Beamten setzen Schlagstöcke ein. Zwölf Polizisten werden verletzt.

▷ Immer wieder stören Institutsbesetzungen den täglichen Lehrbetrieb an der Freien Universität, der Technischen Universität und der Hochschule der Künste. Demonstranten nutzen am 9. Mai 1970 das Gelände des Studentenwerks an der Hardenbergstraße als Rückzugsgebiet.

35

Dr. med. Werner Frosch
Facharzt
für innere Krankheiten
Zugang
zum

Die Protagonisten

Allen Kollektivgedanken zum Trotz sind es einzelne Personen, die das Bild der 68er-Bewegung bestimmen. Eine der Galionsfiguren ist Fritz Teufel (links, hier mit Rechtsanwalt Horst Mahler). Im November 1968 wird er bei einer Gerichtsverhandlung aufgefordert sich zu erheben. Seine Antwort geht in die Annalen der Studentenrevolte ein: „Wenn's der Wahrheitsfindung dient …"

Als Fritz Teufel, Mitbegründer der Kommune 1, die sich in alternativen Formen des Zusammenlebens erprobte, im August 1967 wieder einmal vor Gericht steht, wird eine bescheiden wirkende Frau in den Zeugenstand gerufen – seine Mutter. Was sie auf Befragen des Richters zu sagen hat, bringt die Anwesenden im Saal für Sekunden zum Schweigen: „Wir hatten fünf Söhne. Fritz war der intelligenteste. Und deshalb würde er es viel schwerer haben im Leben …" Der Angeklagte lächelt verlegen. Noch ahnen Gericht und Zuschauer nicht, dass der aufmüpfige Student als umstrittene Ikone in die Geschichte der 68er-Bewegung eingehen wird – ebenso wie der Mitkommunarde Rainer Langhans, der ebenfalls vor Gericht steht. Für die einen ist Teufel ein unterhaltsamer Politclown, für andere ein gefährlicher Revoluzzer.

Die Mitglieder der Kommune 1, von manchen als die Hofnarren der Revolte bezeichnet, propagieren nicht nur einen anarchischen Lebensstil, sie praktizieren ihn auch. In dem Zirkel, in dem bürgerliche Maßstäbe außer Kraft gesetzt sind, wird demonstrativ freie Sexualität gelebt, haben gesellschaftliche Zwänge keine Gültigkeit. Spektakuläre Happenings unter der Regie des „Chefprovokateurs" Dieter Kunzelmann verschrecken regelmäßig die bürgerliche Öffentlichkeit. Konflikte mit der Polizei und den Gerichten sind programmiert. Allein Fritz Teufel verbringt acht Jahre hinter Gittern.

Meist aber kommt der Protest gegen den gesellschaftlichen und politischen Status quo ernster daher als bei den Mitgliedern der „Spaßkommune". Wortführer wie Rudi Dutschke, Bernd Rabehl, Knut Nevermann oder Christian Semmler fechten mit aller verbalen Härte und bisweilen durchaus mit intellektueller Brillanz für eine andere Gesellschaft. In vertraulichen Strategiediskussionen plädiert Dutschke für ein Rätesystem und eine „Freie Stadt West-Berlin". Auch engagiert er sich für eine alternative Form des Hochschulbetriebs, eine „Kritische Universität". Die wird im November 1967 tatsächlich gegründet, hält sich aber nur für zwei Semester.

Die Studentenrevolte an sich aber wird die Bundesrepublik und West-Berlin nachhaltig verändern. Während eine kleine Minderheit in den Untergrund abtaucht und mit ihrem Terror Deutschland über Jahre in Atem hält, machen sich die meisten der 68er auf den „langen Marsch durch die Institutionen", um die Gesellschaft von innen her zu reformieren.

18. Februar 1968: Rudi Dutschke, Wortführer der Revolte, bei einer Kundgebung in Charlottenburg. Sein Engagement sorgt maßgeblich dafür, dass die studentischen Proteste auf die Straße getragen werden. Am 27. November 1967 demonstriert er vor dem Kriminalgericht Moabit für die Freilassung Fritz Teufels (Bild S. 126 f.).

Rainer Langhans, Mitbegründer und intellektueller Kopf der Kommune 1, die sich als provokatives Gegenmodell zur Kleinfamilie versteht. Am 5. April 1967 machen die Mitglieder zum ersten Mal auf sich aufmerksam: mit einem geplanten „Pudding-Attentat" auf den amerikanischen Vizepräsidenten Hubert H. Humphrey.

Dieter Kunzelmann (links) gilt als treibende Kraft innerhalb der Kommune 1. Der anarchische Aktivist genießt innerhalb der linken Szene den Ruf eines „Chef-provokateurs". Er wird später als Kopf der terroristischen Gruppe „Tupamaros West-Berlin" gelten und 1983–85 als Mitglied der Alternativen Liste dem Berliner Abgeordnetenhaus angehören.

1. Dezember 1967: Dieter Kunzelmann begrüßt seinen Mitstreiter Fritz Teufel mit einem Adventskranz und algerischem Rotwein nach dessen Entlassung aus der Untersuchungshaftanstalt Moabit. Teufel muss sich vor Gericht wegen Landfriedensbruch verantworten, zudem hat er gegen Meldeauflagen verstoßen.

Happening in Moabit: Freunde und Sympathisanten, darunter Mitkommunarde Rainer Langhans (links), entzünden Fackeln für den haftentlassenen Fritz Teufel und setzen ihm einen Adventskranz auf den Kopf. Teufel wird am 22. Dezember 1967 freigesprochen. Doch weitere Gerichtsverfahren gegen ihn werden folgen.

DANONE
WELTMARKE FÜR JOGHURT

Als Fritz Teufel aus der Haft entlassen ist, wird er medienwirksam von Freunden (Bild S. 134) und seinen angereisten Eltern (Bild oben) empfangen. Auf Plakaten fordern Sympathisanten „Gebt Teufel frei!" und outen sich ironisch als „Demonstrant", um gegen Auflagen zu protestieren, denen Kundgebungen unterlagen.

BILD MEINT:

Fritz Teufel am 1. Dezember 1967 im Gespräch mit Anwalt Horst Mahler (Bild S. 136). Der Jurist wird sich später vom Links- zum Rechtsradikalen wandeln. Bei einem Happening auf dem Kurfürstendamm begegnen sich der Kommunarde und künftige Publizist Ulrich Enzensberger (mit Melone) und der spätere Terrorist Andreas Baader (mit Megaphon).

Ostermontag 1968: Vier Tage nach dem Attentat auf Rudi Dutschke wird zu einer Kundgebung vor dem SFB-Gebäude am Hammarskjöldplatz aufgerufen. Die Studentenführer Christian Semmler (Dritter von rechts) und Knut Nevermann (im Hintergrund) fordern von Intendant Franz Barsig (Dritter von links) vergeblich Sendezeit für die Demonstranten.

Christian Semmler, radikaler Maoist und Vordenker der 68er-Bewegung, gerät nach einer Demonstration in Polizeigewahrsam. Juristische Unterstützung bekommen die Linken durch Anwälte, die teilweise später wichtige Rollen in der Politik spielen werden (Bild S. 140 f.). Von links: Henning Spangenberg, Hans-Christian Ströbele, Otto Schily und Klaus Eschen.

Frankfurter
Eishockey-Bayern sagt Berlin den Kampf an
Großer Schlag
Baader-

Chronologie

Die wichtigsten politischen Ereignisse der Jahre 1967 und 1968 in West-Berlin

1967

1\. Januar
Mitglieder des Sozialistischen Deutschen Studentenbundes (SDS) beschließen, in Wohngemeinschaften zusammenzuleben. In der Folge wird die Kommune 1 gegründet.

14\. März
Wahl zum Berliner Abgeordnetenhaus, die die SPD mit einer absoluten Mehrheit der Stimmen (56,9 %) gewinnt.

5\. April
Wegen eines geplanten „Pudding-Attentats" auf den Vizepräsidenten der USA, Hubert H. Humphrey, werden elf Personen festgenommen, darunter auch Mitglieder der Kommune 1.

6\. April
Heinrich Albertz (SPD) wird in seinem Amt als Regierender Bürgermeister bestätigt.

21\. April
Demonstrationen vor der Griechischen Militärmission in der Uhlandstraße nach dem Militärputsch in Griechenland.

30\. April
Gründung des Republikanischen Clubs, eines Kommunikations- und Aktionszentrums der Außerparlamentarischen Opposition (APO).

23\. Mai
Flugblattaktion der Kommune 1 vor der FU-Mensa: „Wann brennen Berliner Kaufhäuser?"

1\. Juni
Vorbereitungsversammlung an der FU für eine Demonstration anlässlich des geplanten Schah-Besuchs.

2\. Juni
Der Schah in Berlin. Schwere Krawalle vor dem Rathaus Schöneberg und der Deutschen Oper. Der Student Benno Ohnesorg wird von dem Polizeibeamten Karl-Heinz Kurras erschossen.

18\. September
Ein parlamentarischer Untersuchungsausschuss, der sich mit den Ereignissen am 2. Juni befasst hat, legt seinen Bericht vor.

19\. September
Innensenator Wolfgang Büsch (SPD) übernimmt die politische Verantwortung für den Tod von Benno Ohnesorg und tritt zurück.

22\. September
Polizeipräsident Erich Duensing tritt aus demselben Grund zurück und kommt so einer Abwahl durch das Abgeordnetenhaus zuvor.

26\. September
Rücktritt des Regierenden Bürgermeisters Heinrich Albertz (SPD), ebenfalls wegen der Vorfälle am 2. Juni.

19\. Oktober
Das Berliner Abgeordnetenhaus wählt Klaus Schütz (SPD) zum Regierenden Bürgermeister.

21\. Oktober
Vietnam-Demonstration in der Berliner City, an der sich über 7000 Teilnehmer und 30 Organisationen beteiligen. Schwere Krawalle auf dem Kurfürstendamm.

1\. November
Gründung der „Kritischen Universität" im Audimax der FU.

21\. November
Freispruch für den Kriminalobermeister Karl-Heinz Kurras, der sich vor der Großen Strafkammer des Landgerichts für seinen tödlichen Schuss auf Benno Ohnesorg verantworten muss. Staatsanwaltschaft und Nebenkläger gehen in Revision.

27\. November
Der Kommunarde Fritz Teufel muss sich wegen schweren Landfriedensbruchs vor Gericht verantworten. Etwa 1000 Protestierende durchbrechen die Absperrungen vor dem Kriminalgericht in Moabit. – Am Abend Demonstration vor der Griechischen Militärmission in der Uhlandstraße, danach Krawalle auf dem Kurfürstendamm.

22\. Dezember
Fritz Teufel wird vor dem Kriminalgericht freigesprochen.

1968

1\. Februar
Unbekannte werfen die Scheiben von sechs Filialen der „Berliner Morgenpost" ein. Auf Flugblättern die Forderung: „Enteignet Springer!"

3\. Februar
Erneute Demonstration vor der Griechischen Militärmission in der Uhlandstraße.

7. Februar
Störung des Akademischen Senats im Henry-Ford-Bau. Rund 1000 Studenten blockieren den Zugang zum Gebäude.

17. und 18. Februar
Internationaler Vietnamkongress im Audimax der TU mit über 4000 Teilnehmern.

18. Februar
Rund 12 000 Protestierende beteiligen sich an einer Demonstration gegen den Vietnamkrieg durch die Berliner Innenstadt, darunter bekennende SPD-Mitglieder.

21. Februar
Gegenkundgebung vor dem Rathaus Schöneberg zur Demonstration gegen den Vietnamkrieg vom 18. Februar. Rund 80 000 Berliner folgen dem Aufruf von Senat, Parteien und Gewerkschaften.

22. März
Freispruch für die Kommunarden Fritz Teufel und Rainer Langhans. Ihnen wurde vorgeworfen, in einem satirischen Flugblatt zur Kaufhaus-Brandstiftung aufgerufen zu haben.

11. April
Attentat auf Rudi Dutschke. Der Täter, der Gelegenheitsarbeiter Josef Bachmann, wird festgenommen. Dutschke überlebt schwer verletzt. Noch am gleichen Tag ziehen mehrere tausend Demonstranten zum Springer-Verlag in die Kochstraße. Sie versuchen, das Verlagsgebäude zu stürmen, und setzen Auslieferungsfahrzeuge in Brand.

12. April (Karfreitag)
Die APO fordert wegen des Anschlags auf Rudi Dutschke den Rücktritt des Senats und die Enteignung Springers sowie eine Stunde Sendezeit in den Berliner Rundfunkanstalten.

13. April
Schwere Krawalle auf dem Kurfürstendamm wegen des Dutschke-Attentats, 230 Protestler werden festgenommen.

14. April (Ostersonntag)
Nach einer Demonstration am Wittenbergplatz erneute Ausschreitungen.

15. April (Ostermontag)
Kundgebung vor dem SFB-Gebäude auf dem Hammarskjöldplatz. APO-Vertreter fordern erneut Sendezeiten im Rundfunk.

21. Mai
Daniel Cohn-Bendit, deutscher Studentenführer in Paris, in Berlin. Er ruft im Audimax der FU zum Widerstand und zum Bau von Barrikaden auf. Während der zweiten Maihälfte kommt es in Paris fast täglich zu gewalttätigen Demonstrationen.

27. Mai
Besetzung des Germanischen Seminars der FU.

28. Mai
Mehrere Hundert Demonstranten versuchen, das Schillertheater zu stürmen. Die Aktion wird von Polizeibeamten mit gezogener Waffe verhindert.

29. Mai
Demonstranten versuchen, das Bundeshaus und das Maison de France zu besetzen.

14. Juni
Verabschiedung der Notstandsgesetze im Bundesrat.

27. Juni
Besetzung des Rektorats der FU.

3. Juli
Der Untersuchungsausschuss zu den Schah-Krawallen vom 2. Juni 1967 legt seinen Abschlussbericht vor.

10. Juli
Erneute Besetzung und Plünderung des FU-Rektorats.

21. August
Protestveranstaltung in der TU gegen den Einmarsch von Truppen des Warschauer Paktes in die Tschechoslowakei.

4. November
Die „Straßenschlacht am Tegeler Weg", die gewalttätigste Demonstration in der Geschichte der 68er-Bewegung. Anlass ist, dass der linke Rechtsanwalt Horst Mahler aus der Berliner Anwaltschaft ausgeschlossen werden soll.

12. November
Die Revision der Kaufhausbrandstifter Baader, Ensslin, Proll und Söhnlein scheitert vor dem Bundesgerichtshof. Die Beschuldigten tauchen wenige Wochen später unter und gründen mit Gesinnungsgenossen die Rote Armee Fraktion (RAF).

Dieses Buch entstand in Zusammenarbeit mit:

be Berlin

Landeszentrale
für politische
Bildungsarbeit

Originalausgabe
1. Auflage 2015

www.jaron-verlag.de
Umschlaggestaltung: Bauer+Möhring, Berlin, unter Verwendung zweier Fotos von Uwe Dannenbaum
Satz und Layout: Prill Partners | producing, Barcelona
Lithographie: Bild1Druck GmbH, Berlin
Druck und Bindung: Westermann Druck Zwickau GmbH, Zwickau

ISBN 978-3-89773-774-7